ALPHABET

TIRÉ

DE LA GRAMMAIRE

ET DU CATÉCHISME.

LAVAL,

IMPRIMERIE DE LÉON MOREAU

—

1856.

ALPHABET

TIRÉ DE LA GRAMMAIRE

et du Catéchisme.

LAVAL,

IMPRIMERIE DE LÉON MOREAU, RUE NAPOLÉON.

1856.

a b c d e f g

h i j k l m n

o p q r s t u

v x y z.

a e i o u.

a b c d e f g

h i j k l m n

o p q r s t u

v x y z.

a e i o u.

a b c d e f g h.

a	a	e	i	o	u	y.
b	ba	be	bi	bo	bu.	
c	ca	ce	ci	co	cu.	
d	da	de	di	do	du.	
e	en	et	est	en	et.	
f	fa	fe	fi	fo	fu.	
g	ga	ge	gi	go	gu.	
h	ha	he	hi	ho	hu.	

i j k l m n o p q.

i	in im ain in im.
j	ja je ji jo ju.
k	ko ki ky ki ky.
l	la le li lo lu.
m	ma me mi mo mu.
n	na ne ni no nu.
p	pa pe pi po pu.
q	qua quo qui que.

a e i o u y.

	r s t u v x y z.
r	ra re ri ro ru.
s	sa se si so su.
t	ta te ti to tu.
v	va ve vi vo vu.
x	xa xe xi xo xu.
z	za ze zi zo zu.

a e i o u y.

b	bla	ble	bli	blo	blu.
c	cla	cle	cli	clo	clu.
d	dra	dre	dri	dro	dru.
f	fla	fle	fli	flo	flu.
g	gla	gle	gli	glo	glu.
p	pha	phe	phi	pho	phu.
j	ja	je	ji	jo	ju.
l	la	le	li	lo	lu.

n	nous nos no tre.
p	par pour por te.
q	qua que qui quo.
r	ra bot , ra ni me.
s	sa bot , sa le, sur.
t	tout , tou te , tous.
u	un, u ne, u ni que.
v	vra vre vri vro vru.
x	xa xe xi xo xu.
y	za ze zi zo zu.

a e é è ê i ô û.

a	a bel, a vant, â me.
b	blâ me, blâ mer, bû che.
c	cla que, cru che, crâ ne.
d	dor mir, dî ner, di re.
f	fa ble, fai ble, fa got.
g	gra ve, gî te, gar çon.
h	hom me, ho no rer.
i	i ma ge, in di vi du.

j	ja mais, ja loux, jo li.
k	ki lo gram me, ki los.
l	l'a mour, l'é co lier.
m	mè re, ma rie, ma.
n	nous, nos, no tre.
o	o pi ni on, or me.
p	pa pier, plu me, pas.
q	qui, que, qua li té.
r	ra pi ne, ri va li té.

s	sa lo mon, sa vou rer.
t	to ta le ment, to ta li té.
u	u ni que ment, u ni té.
v	vous, vos, votre, vaut.
x	e xem ple, e xemp tion.
z	zé la teur, zé ro, zèle.
c	ce cet ces cette ça.
f	flû te, bû che, fou dre.
p	pro pre, qua tre, si xième.

mon livre est amusant.

ton papier est chiffonné.

son père est à la cave.

notre classe est propre.

votre tante travaille là.

leur plume est cassée.

ma sœur est au jardin.

ta page est mal écrite.

sa mère se porte bien.

notre oncle est mort.

votre jardin est beau.

mes parents m'aiment.

tes vaches sont grasses.

ses mains sont sales.

nos jours sont courts.

vos pages sont propres.

leurs devoirs sont faits.

plusieurs sont arrivés.

je, me, moi, nous, tu.

te, toi, vous, il, elle, y.

ils, elles, lui, eux, en.

ce sont les français qui.

celui qui travaille est aimé.

celui-ci est un bon garçon.

celui-là est un paresseux.

ceci me déplaît beaucoup.

cela est bon et agréable.

celle qui apprendra mieux.

celle-ci est propre en tout.

celle-là regarde toujours.

celle-ci écrit très-bien.

celle-là écrit très-mal.

Le mien vaut mieux que le tien, le sien est plus beau que le nôtre, et le vôtre est plus petit que le leur.

la mienne est mal faite.

la tienne est bien faite.

la sienne est à sa place.

la nôtre marche poliment.

la vôtre travaille joliment.

les miens sont partis de.

les tiens sont à la guerre.

les siens sont revenus ici.

les vôtres ne vont pas tarder

cet enfant est laborieux.

cette fille est bien jalouse.

ces hommes sont menteurs.

ses biens sont à vendre.

cette plume est à vous.

ces mouches-là piquent.

cet habit est mal fait.

ces élèves sont dissipés.

ces livres sont à moi.

Si l'on vous commandait de dire quelque parole, ou de faire quelque action mauvaise, répondez que vous ne le pouvez point faire, d'autant que cela déplaît à Dieu, qui vous défend de l'offenser.

Gardez-vous bien de mentir en quelque manière que ce soit ; car les menteurs sont les enfants du démon, qui est le père du mensonge. Soyez bons et vertueux, le bon-Dieu vous bénira. Aimez et respectez bien vos parents.

1. La foi nous apprend que Dieu est un esprit infiniment parfait, et qu'il n'y a qu'un Dieu, et qu'il ne peut y en avoir plusieurs. Il y a trois personnes en Dieu, le Père, le Fils et le Saint-Esprit. Le Père est Dieu, le Fils est Dieu, et le Saint-Esprit est Dieu.

2. Ce sont trois personnes distinctes qui ne font qu'un seul Dieu. La foi nous apprend encore, que ces trois personnes ne font qu'un seul Dieu, parce

qu'elles n'ont toutes trois qu'une même nature et une même divinité. Ces trois personnes divines sont égales en toutes choses. Le mystère de la Sainte-Trinité est un Dieu en trois personnes, le Père, le Fils et Saint-Esprit.

3. Le mystère de l'Incarnation est le mystère du fils de Dieu fait homme pour nous. Le fils de Dieu s'est fait homme, en prenant un corps et une âme semblables aux nôtres, dans le sein de la bienheureuse Vierge

Marie, par l'opération du Saint-Esprit. La très-sainte Vierge est véritablement mère de Dieu, puisqu'elle a conçu et mis au monde un fils qui est Dieu.

4. Le mystère de la Rédemption est Jésus-Christ mort pour nous sur la croix. Nous savons que J.-C. ne pouvait pas mourir comme Dieu, il est mort comme homme; c'est-à-dire que son âme s'est séparée de son corps. Jésus-Christ est mort sur la croix pour nous racheter du péché, des

peines de l'enfer et nous mériter la vie éternelle.

5. Jésus-Christ est né à Bethléem, le jour de Noël. Il est mort sur la croix le Vendredi-Saint, et il est ressuscité le jour de Pâques. Il est monté au ciel le jour de l'Ascension, et il a envoyé le Saint-Esprit à ses Apôtres, le jour de la Pentecôte.

6. L'homme est une créature intelligente, composée d'un corps et d'une âme. C'est Dieu qui a

créé le premier homme et la première femme. Le premier homme s'appelait Adam, et la première femme s'appelait Ève. Dieu nous a créés et mis au monde pour le connaître, l'aimer et le servir, et par ce moyen, obtenir la vie éternelle.

7. Nous savons que nous devons tous mourir un jour, et nous mourrons quand il plaira à Dieu; nous ne savons ni le jour, ni l'heure, ni le moment de notre mort, c'est pour cela que

nous devons nous tenir toujours prêts à paraître devant Dieu.

8. Le Paradis est un lieu de délices, où, en voyant Dieu tel qu'il est et en l'aimant parfaitement, on jouit d'un bonheur éternel. Le Purgatoire est un lieu de souffrances où les âmes justes expient leurs péchés, avant d'être admises à la gloire du Paradis.

9. L'Enfer est un lieu horrible où, étant privé pour ja-

mais de la vue et de l'amour de Dieu, on souffre, dans le feu, des tourments éternels; et tous ceux dont les âmes vont en enfer, sont ceux qui meurent en péché mortel, quand ils n'en seraient coupables que d'un seul.

10. Il y a trois vertus théologales ou divines, qui sont la Foi, l'Espérance et la Charité. La Foi est une vertu surnaturelle par laquelle nous croyons fermement tout ce que Dieu a révélé à son église. L'Espérance

est une vertu surnaturelle par laquelle nous attendons, avec une ferme confiance, la possession de **D**ieu et les grâces nécessaires pour y arriver. La **C**harité est une vertu surnaturelle par laquelle nous aimons **D**ieu pour lui-même, par-dessus toutes choses, et le prochain comme nous-mêmes, pour l'amour de Dieu.

F<small>IN</small>.

www.ingramcontent.com/pod-product-compliance
Lightning Source LLC
Chambersburg PA
CBHW060915050426
42453CB00010B/1746